BEI GRIN MACHT SICH IHR WISSEN BEZAHLT

- Wir veröffentlichen Ihre Hausarbeit, Bachelor- und Masterarbeit

- Ihr eigenes eBook und Buch - weltweit in allen wichtigen Shops

- Verdienen Sie an jedem Verkauf

Jetzt bei www.GRIN.com hochladen und kostenlos publizieren

Verena Caroline Wernet

Form und Funktion der Reyen in Lohensteins "Sophonisbe" und ihre Unterschiede zur späthumanistischen Dramenpoetik.

GRIN Verlag

Bibliografische Information der Deutschen Nationalbibliothek:

Die Deutsche Bibliothek verzeichnet diese Publikation in der Deutschen National-
bibliografie; detaillierte bibliografische Daten sind im Internet über http://dnb.d-
nb.de/ abrufbar.

Impressum:

Copyright © 2012 GRIN Verlag GmbH
Druck und Bindung: Books on Demand GmbH, Norderstedt Germany
ISBN: 978-3-656-59573-1

Dieses Buch bei GRIN:

http://www.grin.com/de/e-book/268499/form-und-funktion-der-reyen-in-lohensteins-
sophonisbe-und-ihre-unterschiede

GRIN - Your knowledge has value

Der GRIN Verlag publiziert seit 1998 wissenschaftliche Arbeiten von Studenten, Hochschullehrern und anderen Akademikern als eBook und gedrucktes Buch. Die Verlagswebsite www.grin.com ist die ideale Plattform zur Veröffentlichung von Hausarbeiten, Abschlussarbeiten, wissenschaftlichen Aufsätzen, Dissertationen und Fachbüchern.

Besuchen Sie uns im Internet:

http://www.grin.com/

http://www.facebook.com/grincom

http://www.twitter.com/grin_com

Albert-Ludwigs-Universität Freiburg i. Br.

Deutsches Seminar, Neuere deutsche Literatur

Hauptseminar: Barockdrama

Essay geschrieben von: Verena Caroline Wernet

Abgabedatum: 18. Jun. 2012

Aufgabenstellung:

Charakterisieren Sie Form und Funktion der Reyen in Lohensteins "Sophonisbe" und bestimmen Sie ihre Unterschiede zur späthumanistischen Dramenpoetik.

Julius Caesar Scaliger definiert in *Poetices libri septem* die Rolle und Funktion des Chores in der Tragödie unter der Forderung nach dem „Maß halten",[1] welche sich einerseits auf die Länge der Chorlieder und andererseits auf inhaltliche und funktionale Aspekte der Chorpassagen bezieht. Demnach muss der „Inhalt des Chorliedes stets aus den mit der Handlung verbundenen Grundgedanken abgeleitet [sein]."[2] Es bleibt jedoch dem Dichter überlassen, ob sich dieser „Grundgedanke" aus dem Kontext der Szene, in der das entsprechende Chorlied vorgetragen wird, oder aus dem Gesamtkontext der Tragödie herleiten lässt. Formal sind die Chorpassagen in jambischen Versen gehalten, welche in der Aufführung sowohl gesprochen als auch gesungen realisiert werden. Folglich treten die Akteure der Dramenhandlung zuweilen in einen Dialog mit dem Chor.[3]

In dem vorliegenden Essay möchte ich nun prüfen, welches Verständnis des Chores Daniel Casper von Lohenstein in *Sophonisbe* realisiert und wie sich dieses von Scaligers Definition abgrenzen lässt.[4]

Lohenstein bezeichnet die Chorpassagen als *Reyen*. Formal sind sie, wie es Scaliger fordert, in jambischen Versen verfasst. Dabei handelt es sich häufig um einen jambischen Fünfheber. Die Reime sind überwiegend Kreuzreime, jedoch finden sich, insbesondere am Strophenende, zuweilen Paarreime,[5] die teilweise den Charakter eines sentenziösen Fazits der entsprechenden Strophe aufweisen. Die *Reyen* stehen immer am Ende einer Abhandlung, sodass sich in *Sophonisbe* fünf *Reyen* finden. Auffallend ist, dass die *Reyen* jeder Abhandlung in den epischen Angaben zum *Innhalt* explizit erwähnt werden und ihr Inhalt jeweils knapp umrissen wird, wodurch den *Reyen* geradezu der Rang eines Art „Unterkapitels"[6] in der jeweiligen Abhandlung zukommt. Diese Stellung der *Reyen* ist von

---

[1] Zitiert nach: Julius Caesar Scaliger: Poetices libri septem [1561 / 1581]. Sieben Bücher über die Dichtkunst. Bd. III: Buch 3, Kap. 95-126. Hg. und übers. v. L. Deitz. Stuttgart und Bad Canstatt 1995, 25-41.

[2] Zitiert nach: ebd.

[3] Vgl. ebd.

[4] Es wird hier lediglich Scaliger als eine Art Musterdefinition der späthumanistischen Dramenpoetik aufgeführt, da sich bei den im Kontext des Seminars besprochenen Textauszügen von Opitz keine Passagen finden, in denen er so explizit auf die Funktion des Chores eingeht, dass man hier darauf rekurrieren könnte.

[5] Vgl. z. B. Daniel Casper von Lohenstein: Sophonisbe. Trauerspiel. Hg. von R. Tarot. Stuttgart 2007. (RUB 8394), V. 461f, V.639f, V. 649f, V. 659f, V. 669f, V. 680f.

[6] Die Wahl des Begriffes „Kapitel" ist im Kontext eines Dramas sicherlich nicht unproblematisch, da die Bezeichnung „Kapitel" nicht eine genuine Bezeichnung der Gattung ist. Möglicherweise kann in diesem

Scaligers Auffassung abzugrenzen, da dieser die Verflechtung von Chor und Handlung betont, was impliziert, dass die *Reyen* nicht von der Dramenhandlung abgegrenzt sind, wie es bei Lohenstein der Fall ist.

Inhaltlich korrespondieren die *Reyen* mit der Dramenhandlung: Die Motive und Gefühle,[7] die maßgeblich für das Fortschreiten der Dramenhandlung sind, werden benannt und können sich in allgemeiner Form und Ausprägung selbst erklären. Somit sind die *Reyen* auf einer abstrakteren Ebene angesiedelt als dir Dramenhandlung und präzisieren auf dieser die Motive für das Handeln und somit gewissermaßen auch die „Grundgedanken" der jeweiligen Abhandlung. In diesem Kontext erfolgt eine Wertung und konkrete Auslegung der Abstrakta, wodurch auch die Dramenhandlung eine moralische Bewertung erfährt. So wird zum Beispiel in den *Reyen* der *dritte[n] Abhandlung* der Ehebruch verurteilt.[8] In der *vierdte[n] Abhandlung* ist der Ehebruch ebenfalls Thema.[9] In den *Reyen* der *vierdte[n] Abhandlung* wird dann die Wollust gegeißelt und unterliegt der Tugend im Streitgespräch, sodass klar ersichtlich ist, welche Wertung dem Leser vermittelt werden soll. Teilweise werden in den *Reyen* die Namen der Protagonisten im Drama genannt, sodass das Verständnis für die konkrete Bezugnahme auf die Handlung erleichtert wird.

Außerhalb des antiken Dramenkontextes sind jedoch die Bezugnahme auf die Politik des 17. Jahrhunderts situiert: „Leopold [...] [und] Margarite"[10] sind als Kaiser Leopold und Margarita Theresa von Spanien Akteure der zeitgenössischen Politik und Gesellschaft. Eine vergleichbare Situation ergibt sich mit der Nennung *Teuschtland[s][11]* als Sitz des „besten" Römischen Reiches, welches von *Europa, Asia, Africa, America[12]* gepriesen wird. Aus Gründen des Umfangs soll die Auseinandersetzung mit dem Heiligen Römischen Reich

---

Zusammenhang auch eine Einteilung jeder Abhandlung in den Akt der Handlung und den Akt der *Reyen* vorgenommen werden.

[7] Es handelt sich dabei um Abstrakta wie *Zwytracht, Liebe, Rache, Haß, Freude, Beyierde, Schrecken, Neid* (Vgl Sophonisbe, (wie Anm. 5), V. 513-584.) und *Eyfersucht, Vernunft, Narrheit* (Vgl. ebd. V. 431-562.) und *Wollust* (Vgl. ebd. V. 509-625). Zudem kommen kosmische und göttliche Elemente wie zum Beispiel *Himmel, Erde, Wasser, Meer, Abgrund, Jupiter, Pluto* (Vgl. ebd. V. 437-549.) zu Wort. Darüber hinaus agieren Seelen und Geister und es werden verschiedene Weltreiche personifiziert (Vgl. ebd. V. 619-694.).

[8] Vgl. ebd. V. 515-562.

[9] Vgl. ebd. 407.

[10] Zitiert nach: Sophonisbe, (wie Anm. 5), V. 547f.

[11] Zitiert nach: Ebd. V. 675.

[12] Vgl. Ebd. V. 682-694.

3

Deutscher Nation hier nicht vertieft werden. Kurz benannt werden kann jedoch, dass der Kontinent Amerika 1492 von den Europäern entdeckt worden ist, sodass dessen Nennung im Kontext eines antiken Stoffes ebenfalls einen Anachronismus darstellt – wir befinden uns hier eindeutig unter dem Horizont des barocken und nicht des antiken Weltverständnisses. Lohenstein baut somit zeitgenössische Elemente in den antiken Stoff ein, wodurch Anachronismen entstehen und die Einheit von Zeit und Handlung durchbrochen wird. Für den Gesamtkontext des Dramas resultiert daraus, dass die Trennung von Dramenhandlung und *Reyen* verschärft wird.

Folglich kann als Fazit festgehalten werden, dass die *Reyen* in Lohensteins *Sophonisbe,* außer in Form und inhaltlichen Bezügen, in weiten Teilen nicht mit Scaligers Definition der *Reyen* übereinstimmen.